畫意如詩

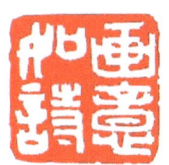

华翰墨影

孙宇明工笔画意摄影

Yuming Sun's Chinese Pictorial Photography

Printed in the United States of America

First Printing, 2017

ISBN-13: 978-1537166841
ISBN-10: 1537166840

前言

记得头几年我在微信朋友圈里说过这样的玩笑话：“和画家侃书法和书法家侃摄影和摄影家侃诗词和诗人侃绘画，这些人都来了，我就侃我的华翰墨影”。这句话当然是调侃，但也在某种程度上说，我的这些作品，是诗、书、画、影四位一体的产物。

诗书画影四项中，书法我是从少年时代就开始的，但当时也是体校乒乓球训练后的业余爱好。后来为了准备考大学从体校退役，才有更多时间和精力去练习书法。考到清华后第二年就担任了清华书法社社长，以后越发不可收拾，一直耕耘到今天。

理论上讲，我写诗词更早，小学二年级时写过一首《满江红》，工工整整抄好寄给了家乡的报纸，结果石沉大海。从此之后，虽然仍然喜欢读诗词，但极少动笔写了。高中时和同学开玩笑写过几个打油诗，后来参加国家国有资产管理局筹备时，和喜欢诗词的同事有过几首唱和，也都是一时兴到的戏作而已。

绘画是我非常矛盾的一个爱好。内心里，我喜欢中国绘画超过其它三项，但极少去练习画。当然我的业余爱好太多，不可能花太多时间去练习。还有一条，大概我潜意识里有些恐惧，可能是太喜欢的缘故，知道绘画需要系统的，刻苦的训练，生怕自己功夫不到，“亵渎”了这个神圣的东西。

我在中国时就开始照相但从来没想到过摄影，尽管工作单位帮我在中国新闻出版署办了个摄影记者证，但当时确实是连最基本的光圈景深概念都不清楚。因为使用公款买的，普通百姓无法付得起的高级设备，所以大部分照片还能照清楚。后来2007年我才真正开始学习摄影，掌握了各种基本技术。坦白地讲，我学摄影的初衷仅仅是为了给家里出去玩时拍更好一点的照片，给孩子们参加各种活动留下些美好回忆。

没想到，这个我原来认为根本算不上艺术的摄影还真令人着迷，从此一发不可收拾，除了设备越买越高级外，也有想越拍越好的冲动。尽管摄影艺术的门槛低，但达到一定高度和其它艺术形式一样不容易。所以拍过几年，看着自己拍的画质清晰，毫无内容的照片时曾经很茫然。当今摄影已经成了一种全民运动，怎样在这种全民运动中找到一丝自己的特色，成了我给自己设定的一个目标。

一次在欣赏郎世宁的画作时忽然诱发了点灵感。传统的中国工笔画不讲透视，只讲线条笔画和色彩，画出来的东西都是平面的，尤其是人，都不是很像。而郎世宁是画油画的，来到清朝宫廷，入乡随俗，也学中国的工笔，但依然保留着西方绘画的三维透视，这种不经意的土洋结合，反而使其作品有着独特的感染力。回到摄影，没有什么比摄影更真实地记录着立体透视，如采用国画的构图，再利用后期制作出工笔线条效果，是否也会有和郎世宁绘画类似的感染力呢？

工笔画意摄影，确实把我内部的几方面的潜能全部调动起来了。几年来的实践，从刚开始的粗糙的探索到现在的点点成熟，都凝聚着我的辛勤劳动。应该说，每张作品都来之不易。比如说拍梅花，从计划到实际拍摄花了两年，因为梅花只有那么几天开放的样子是我想要的，早了不行，晚了也不行，错过了，只好等下一年。当然，每幅作品都有大量的后期制作，再加上写诗词配书法等等，都很费时费力。

如果是三十年前，我可能会请个什么著名人物来写个书名，写个序，但现在过了那个浮躁的年龄了，书名我自己都不要写，就用电脑里的字体。我倒是真心感谢那些帮助过我拍照，改动诗句的朋友们，特别是当过拍照助手的夫人古丽蓉，二个儿子，以及多年老朋友杨齐和吴乃群。

2017年8月，写于美国马里兰寓所

目录

红墙荷影图

【浣溪沙】

夏雨无声润后园，
柔柔藤蔓绕阑干，
红墙荷影露婵娟。

宝马金鞍抛却易，
白山黑土忘怀难，
夜思如水梦如烟。

2008年8月拍摄于中国北京北海公园，2017年7月制作并题词。

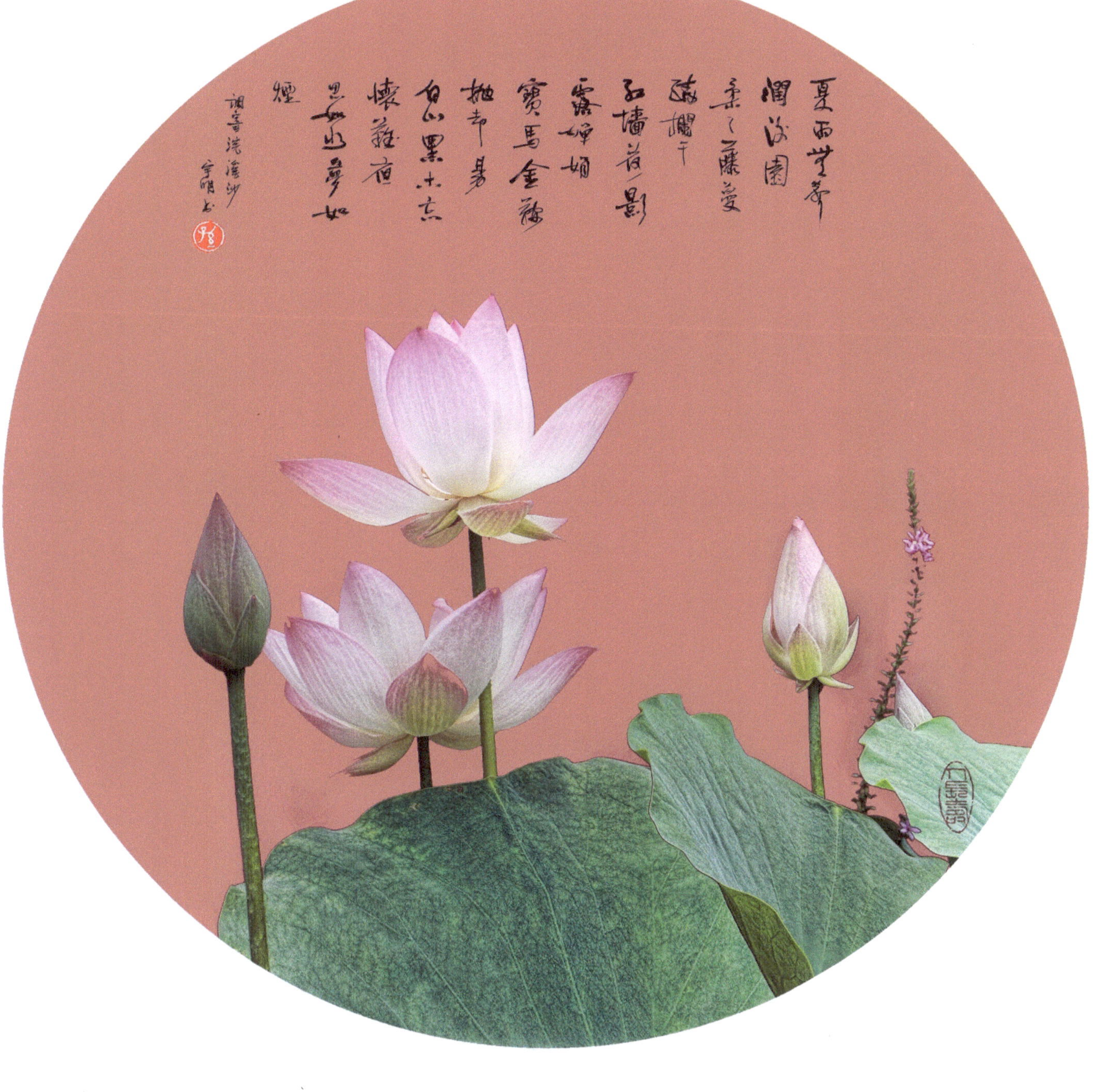

秋寒柿丰图

【菩萨蛮】

草枯木瑟寒风恶，
斑鸠声咽夕阳落。
院后满残红，
枝头秋柿丰。

薄云浮几度，
旧梦不知处。
浊酒醉难眠，
今宵月又圆。

2016年11月拍摄于美国马里兰州，同月制作并题词。

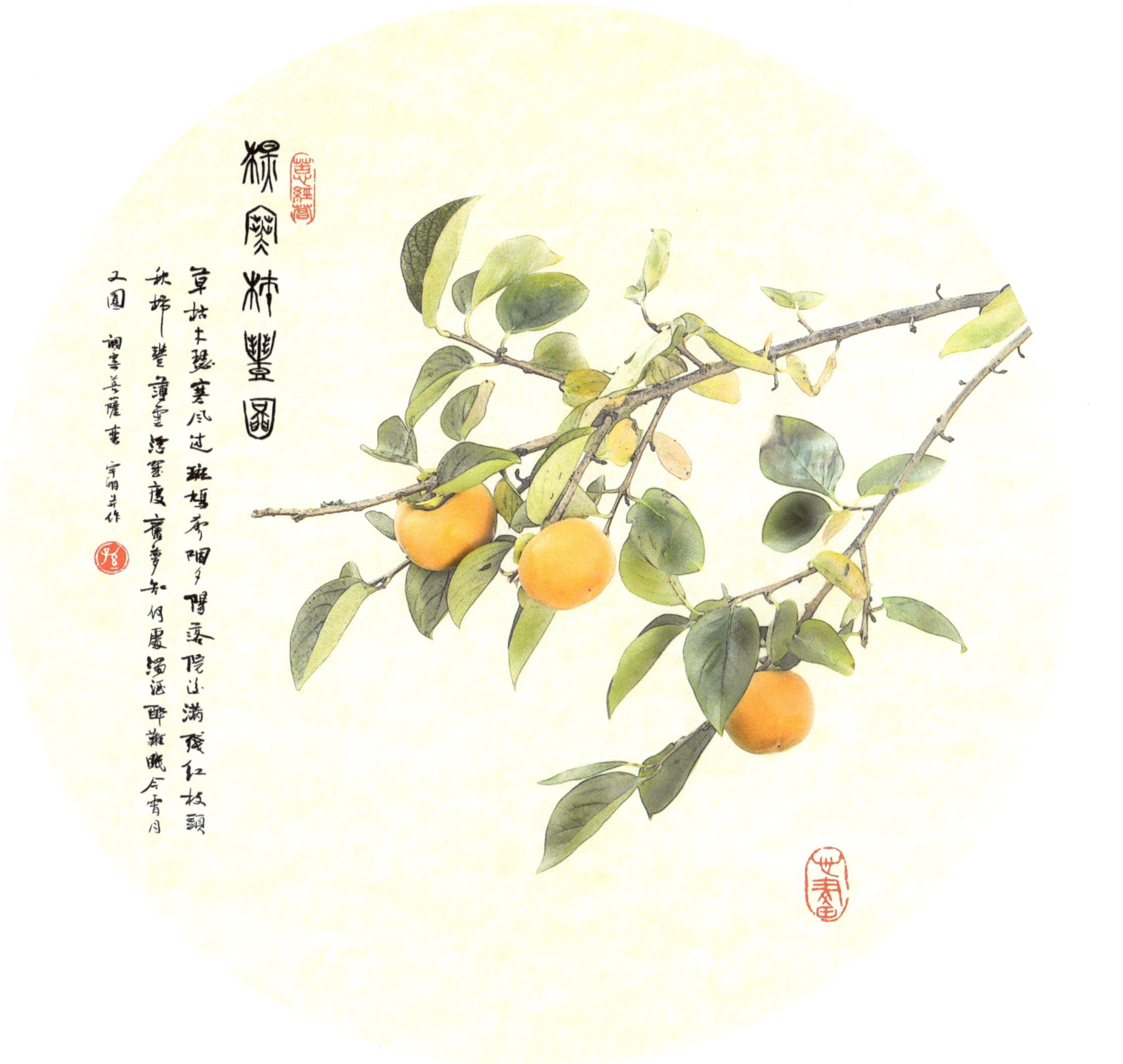
草枯木瑟寒風過
斑鳩聲咽夕陽落
院邊滿殘紅枝頭
秋柿豐
薄雲浮寒度
舊夢知何處
獨酒醉難眠今宵月
又圓
調寄菩薩蠻
宇翔并作

春花蓝鸟图

【五律】

晨霾渺似烟，漫步小塘边。
细雨桃花羲，微风柳叶翩。
青蛙随鸟闹，蓝鹭待鱼闲。
霜鬓人依旧，思乡又一年。

2014年4月拍摄于美国马里兰州，同月制作并题词。

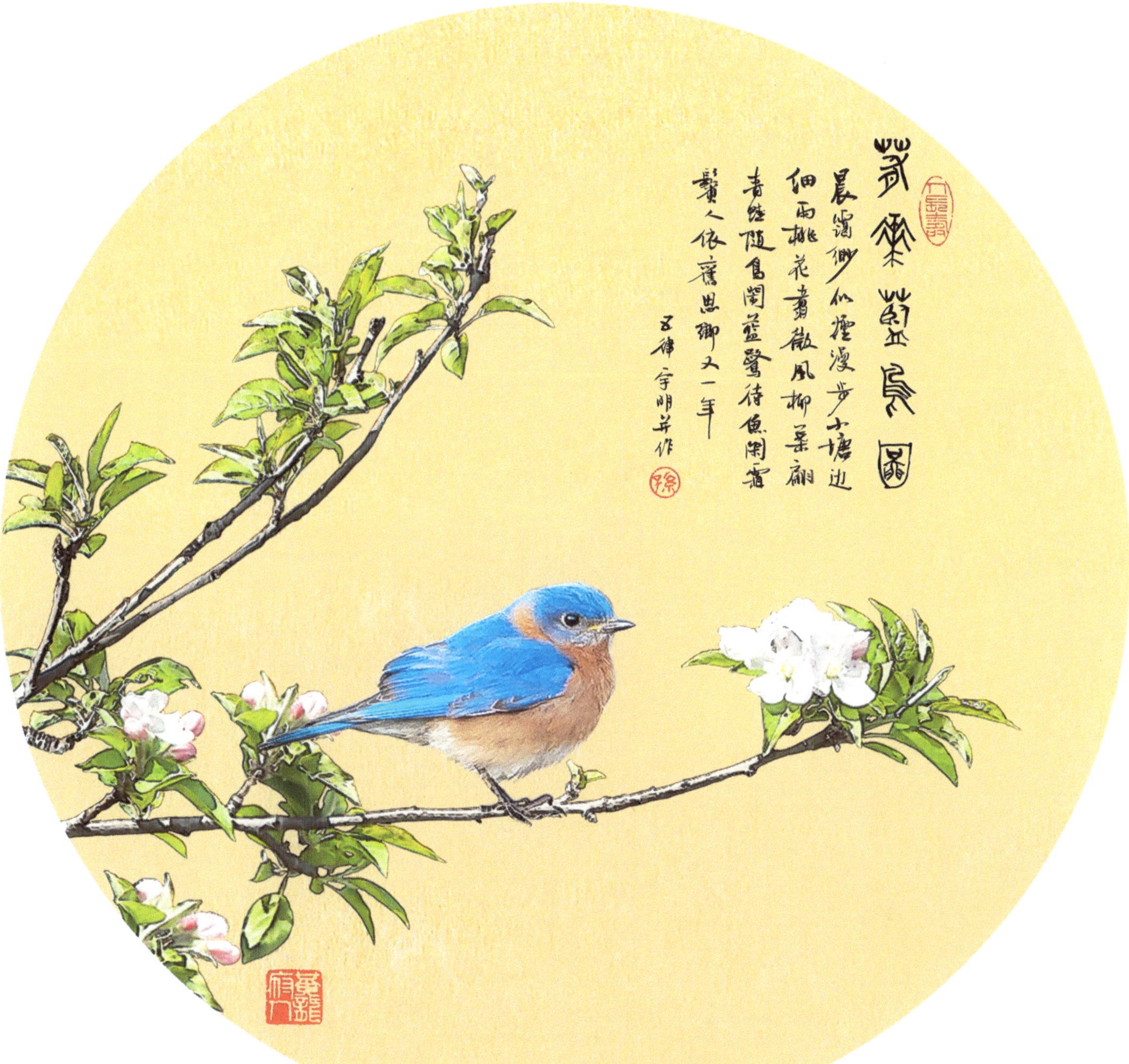
晨露缈似烟漫步小塘边
细雨桃花萧微风柳叶翩
青蛙随鸟闹蓝鹭待鱼闲霜
鬓人依旧思乡又一年
五律 守明并作

春早梅香图

【采桑子】

春风二月红梅绽，
影也妖娆，
神也妖娆。
沁骨幽香漫树梢。

瑶琴伴酒邀明月，
醉在今宵，
迷在今宵。
梦里关山万里遥。

2017年2月拍摄于美国马里兰州，同月制作并题词。

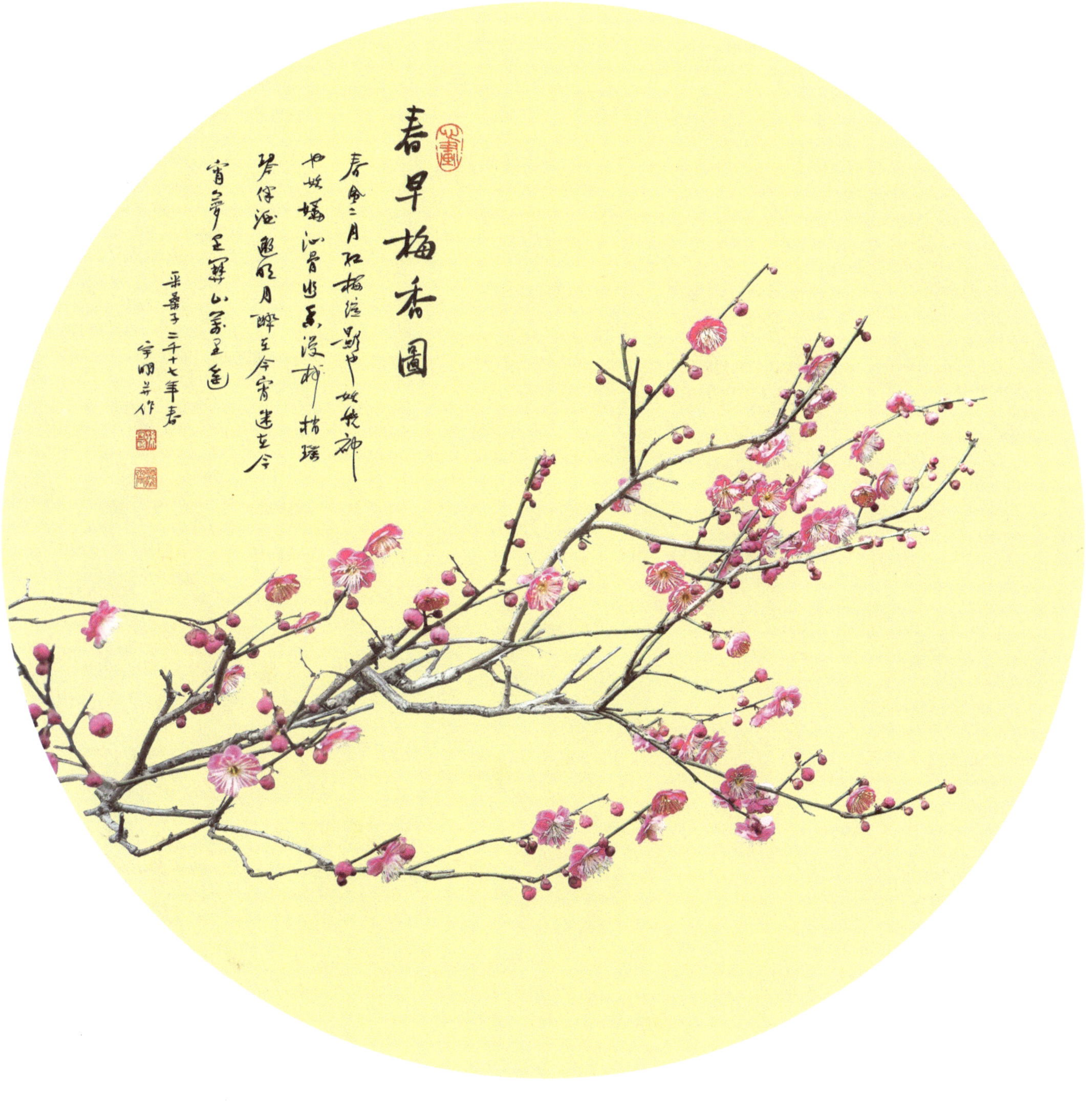
春早梅香圖
二千十七年春

蓝花双鸟图

【一剪梅】

蓝蕊缤纷逸气柔，
几缕芬芳，
数点清幽。
绿红双鸟恋枝头，
身展娇婕，
翼舞绸缪。

羌管余音绕画楼，
细雨绵绵，
夏梦悠悠。
三杯浊酒欲消愁，
昨夜才休，
今夜难休。

2013年6月拍摄于美国马里兰州，2015年12月制作并题词。

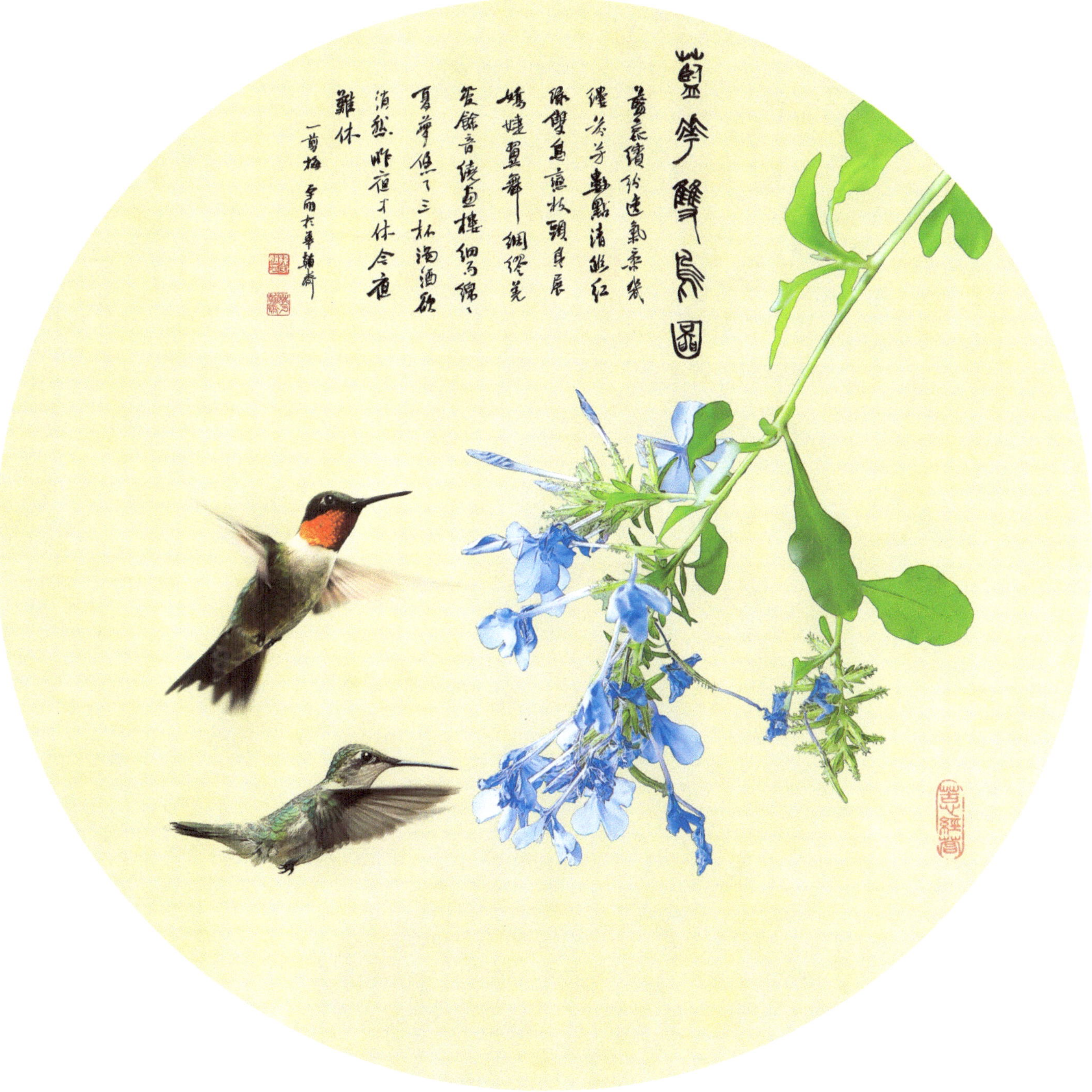
一剪梅

秋早桃熟图

【醉花阴】

黄叶青苔铺小路，
秋早夕阳暮。
院后寿桃熟，
红满枝头，
鲜嫩不知数。

雁声凄厉南飞处，
游子乡思苦。
无计在天涯，
长夜寒灯，
挥笔诗中诉。

2017年8月拍摄于美国维吉尼亚州，同月制作并题词。

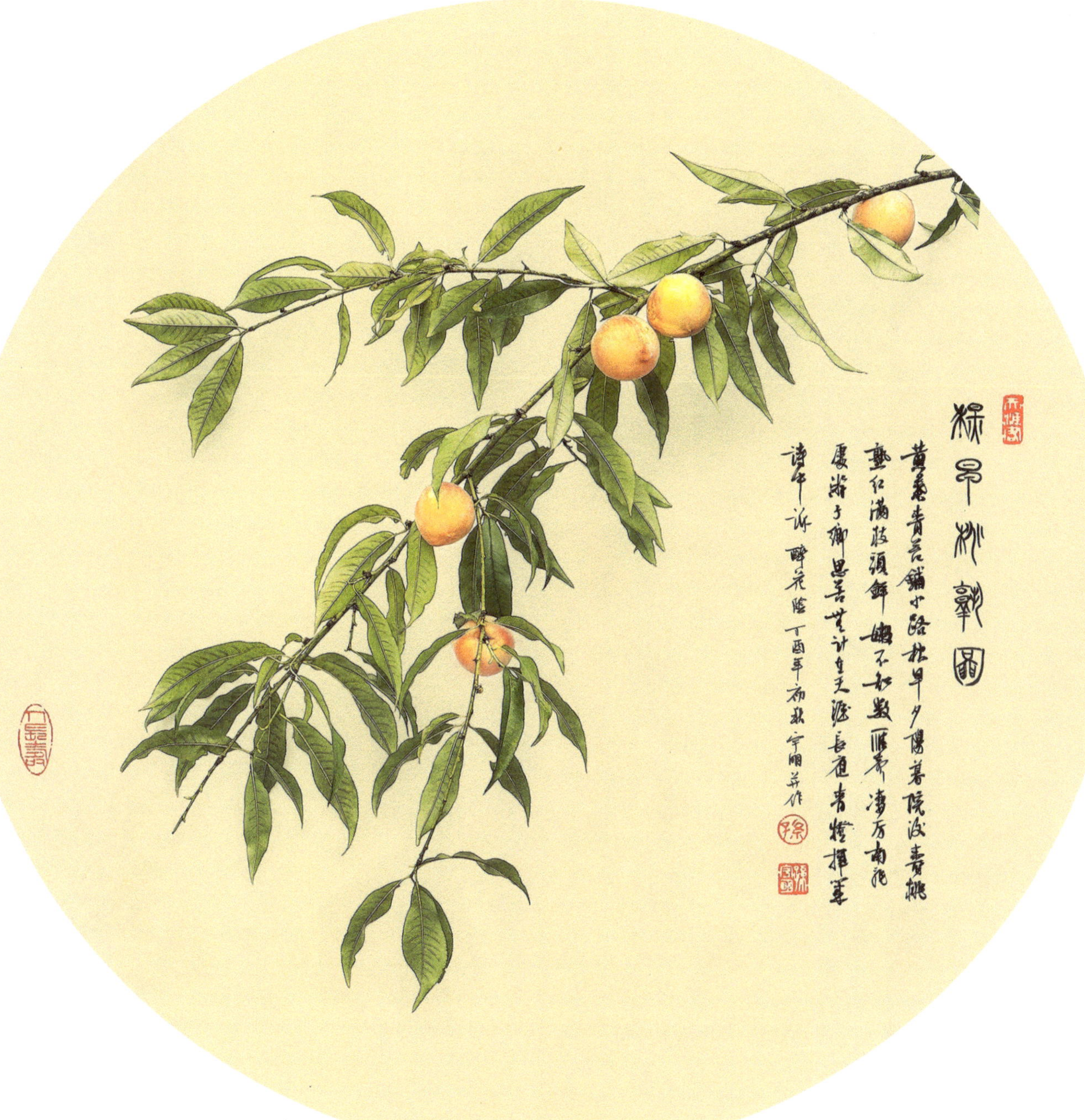
醉花陰
丁酉年初秋 宇明并作

青菜虫趣图

【菩萨蛮】

蓝蓝天外飞鸿过，
油油青菜秋虫乐。
农院采丝瓜，
画堂赏落花。

浮名一场梦，
尘世何人醒？
诗酒伴琴声，
逍遥心自清。

2017年7月拍摄于美国马里兰州，同月制作并题词。

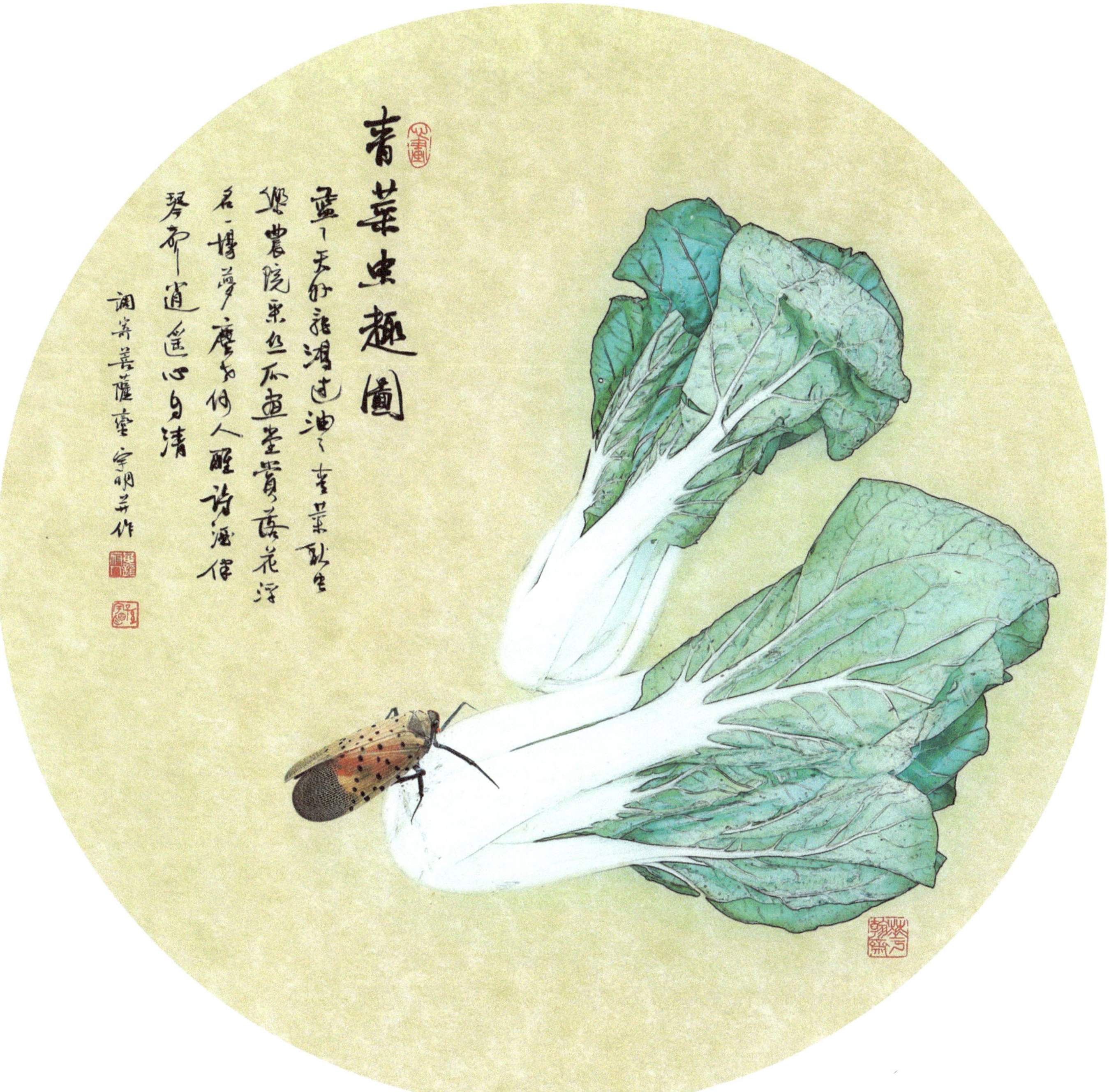
青菜虫趣圖
調寄菩薩蠻 宇明并作

夏树蓝莺图

【南乡子】

夏树落蓝莺，
工笔丹青染画屏。
风暖拂撩湖畔柳，
轻轻，
吹尽生前死后名。

无寐盼天明，
小径幽幽默默行。
晨露宛如游子泪，
盈盈，
万点晶莹万点情。

2017年2月拍摄于美国华盛顿，2017年7月制作并题词。

夏樹鳴蟬賞盡芳

青樂畫屏風眠枕

撿湖畔柳輕~此

盡生前頁沒名堂

廉晩了眼才径缘了

默了孜晨露痕知

游了汲盛~羡點晶

螢莫點悸

—洞寄南鄉子

今咱作

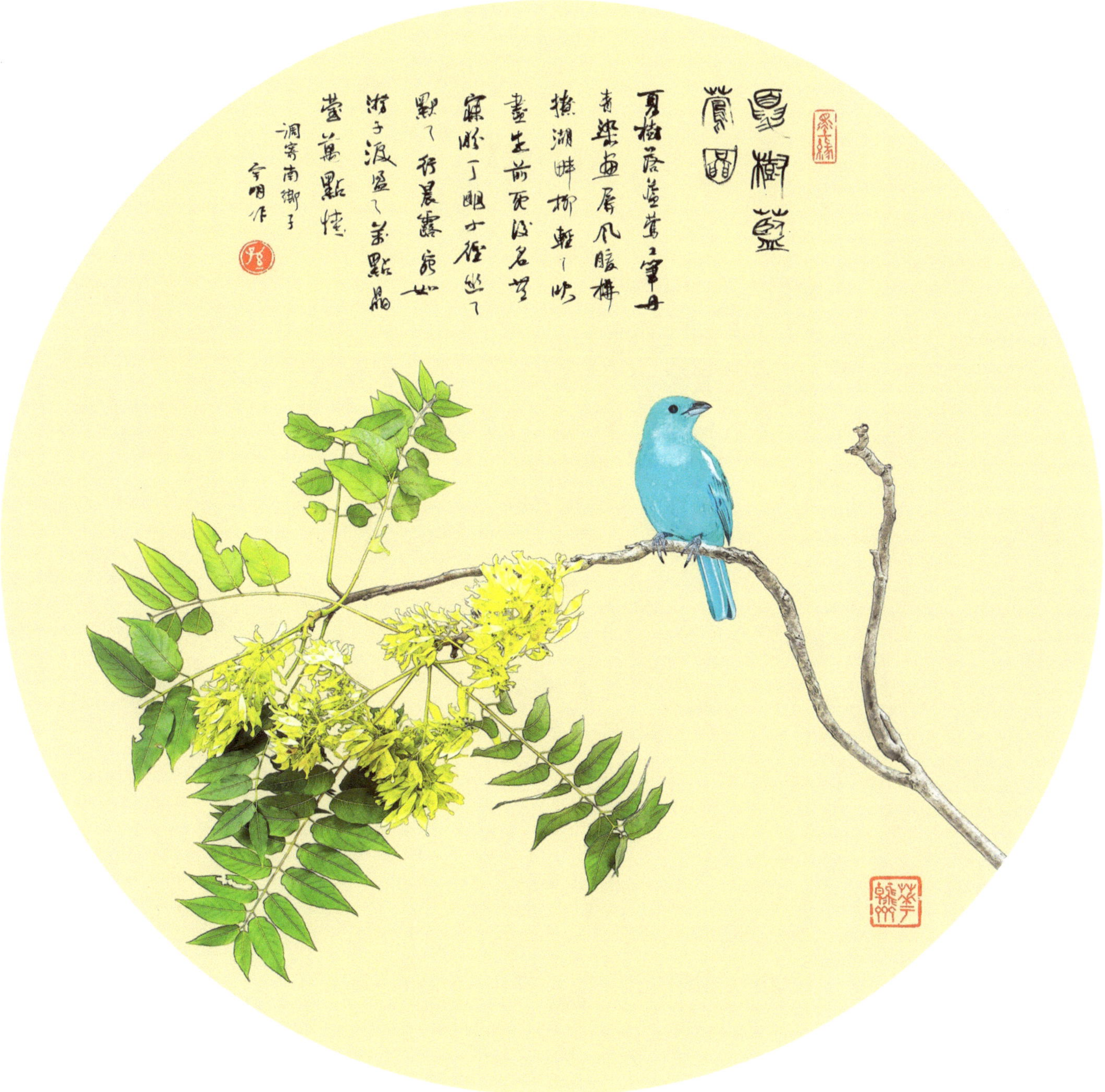

春风富贵图

【七绝】

游园偶遇牡丹花，
翠绿嫣红映晚霞。
原是洛阳宫内客，
异邦依旧显荣华。

2017年4月拍摄于美国马里兰州，2017年5月制作并题词。

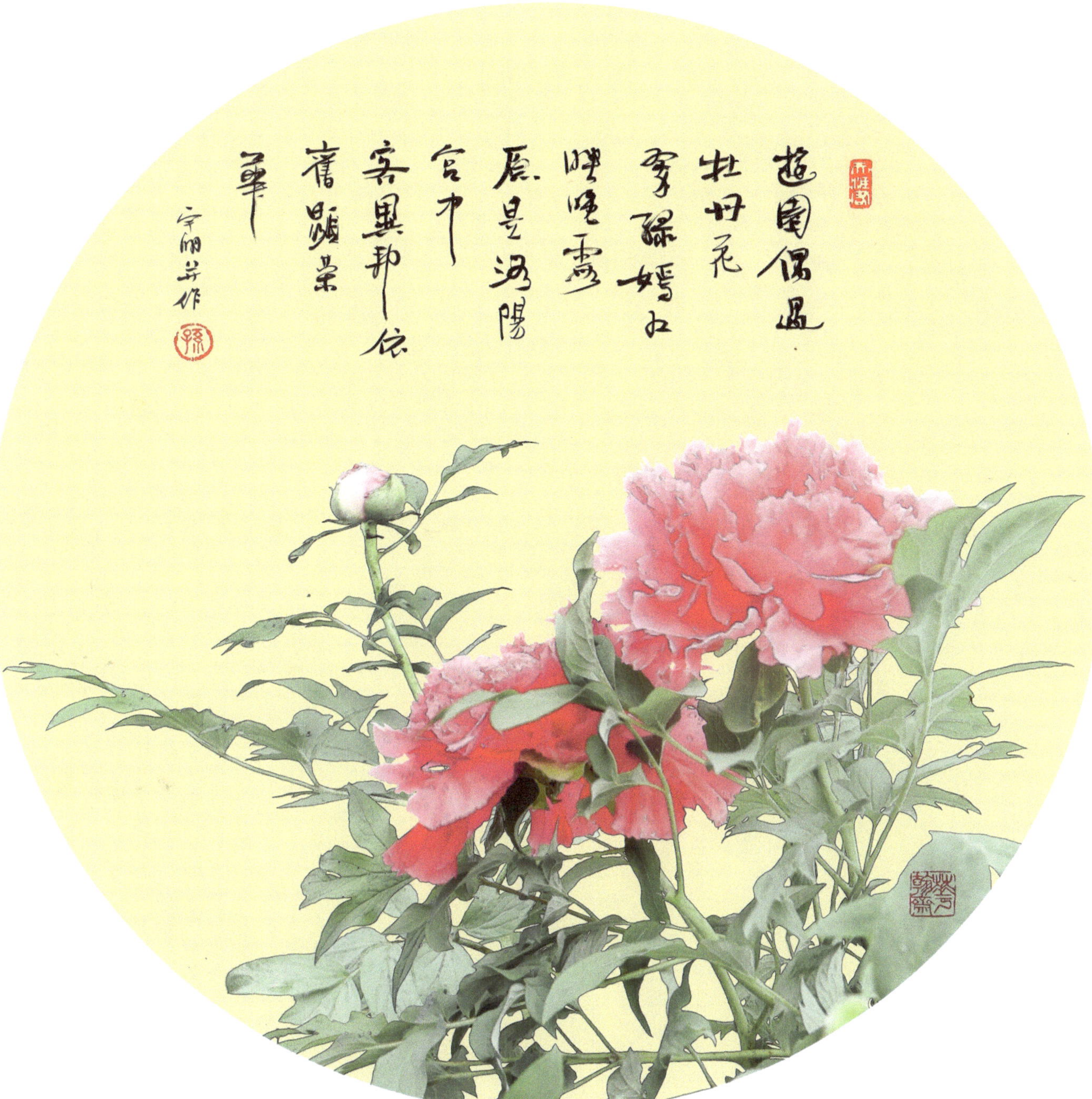

遊園偶過
牡丹花
李綠嫣紅
映晚霞
疑是洛陽
宮中
客異邦依
舊顯榮
華
宇明并作

柳叶蝉鸣图

【清平乐】

玉阶芳草，
丛树花间绕。
微雨方停云霭缈，
如血残阳夕照。

池畔幽径独行，
聆听柳叶蝉声。
忘却红尘俗事，
诗书画影余生。

2017年8月拍摄于美国马里兰州，同月制作并题词。

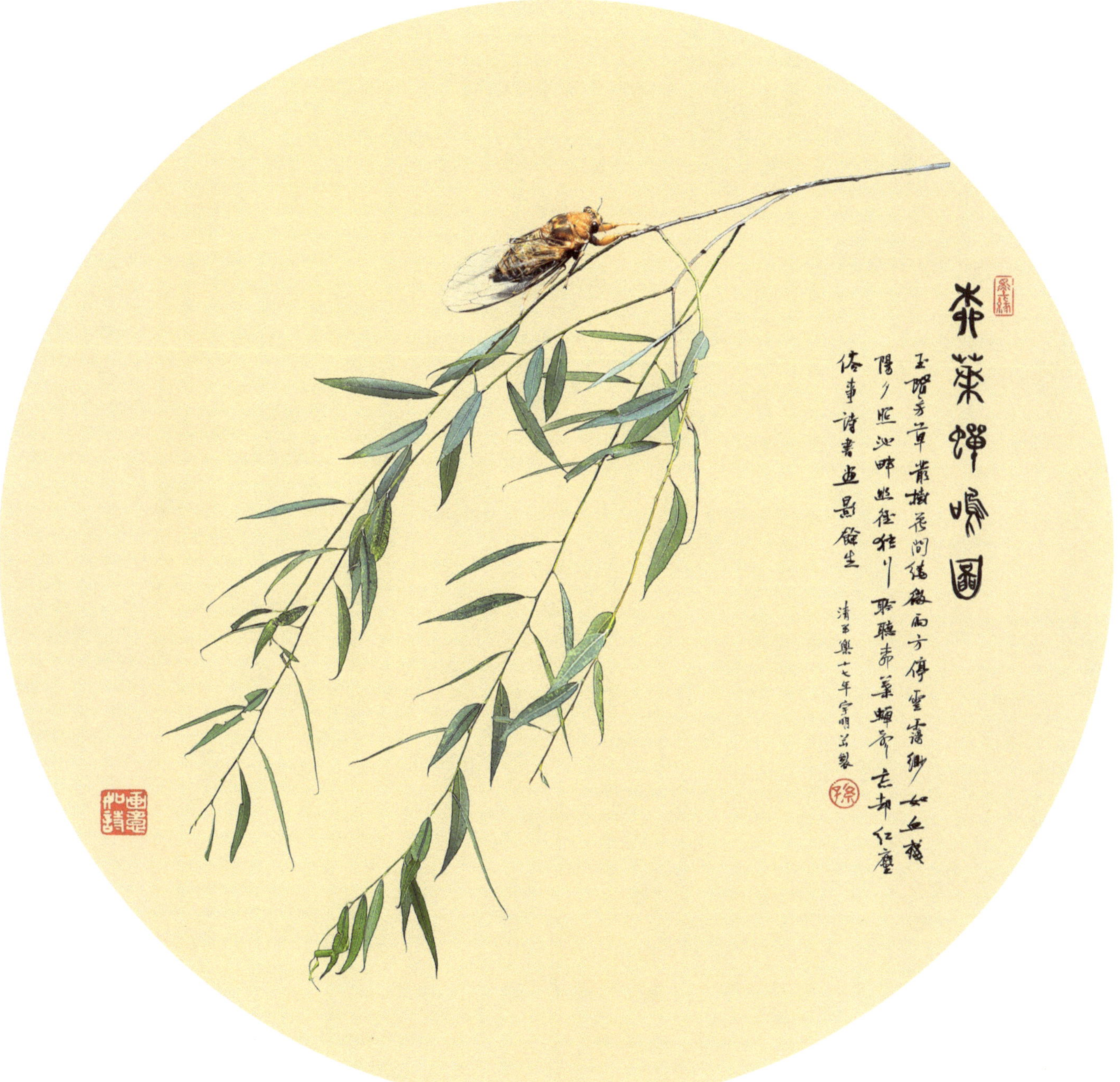
柳葉蟬鳴圖
清平樂

红荔相忆图

【忆秦娥】

夏风细，
端阳梦断徒相忆。
徒相忆，
北疆白桦，
南国红荔。

黄昏庭院人孤寂，
凭栏目送飞鸿去。
飞鸿去，
情归笔下，
泪落心底。

2016年7月拍摄于美国马里兰州，同月制作并题词。

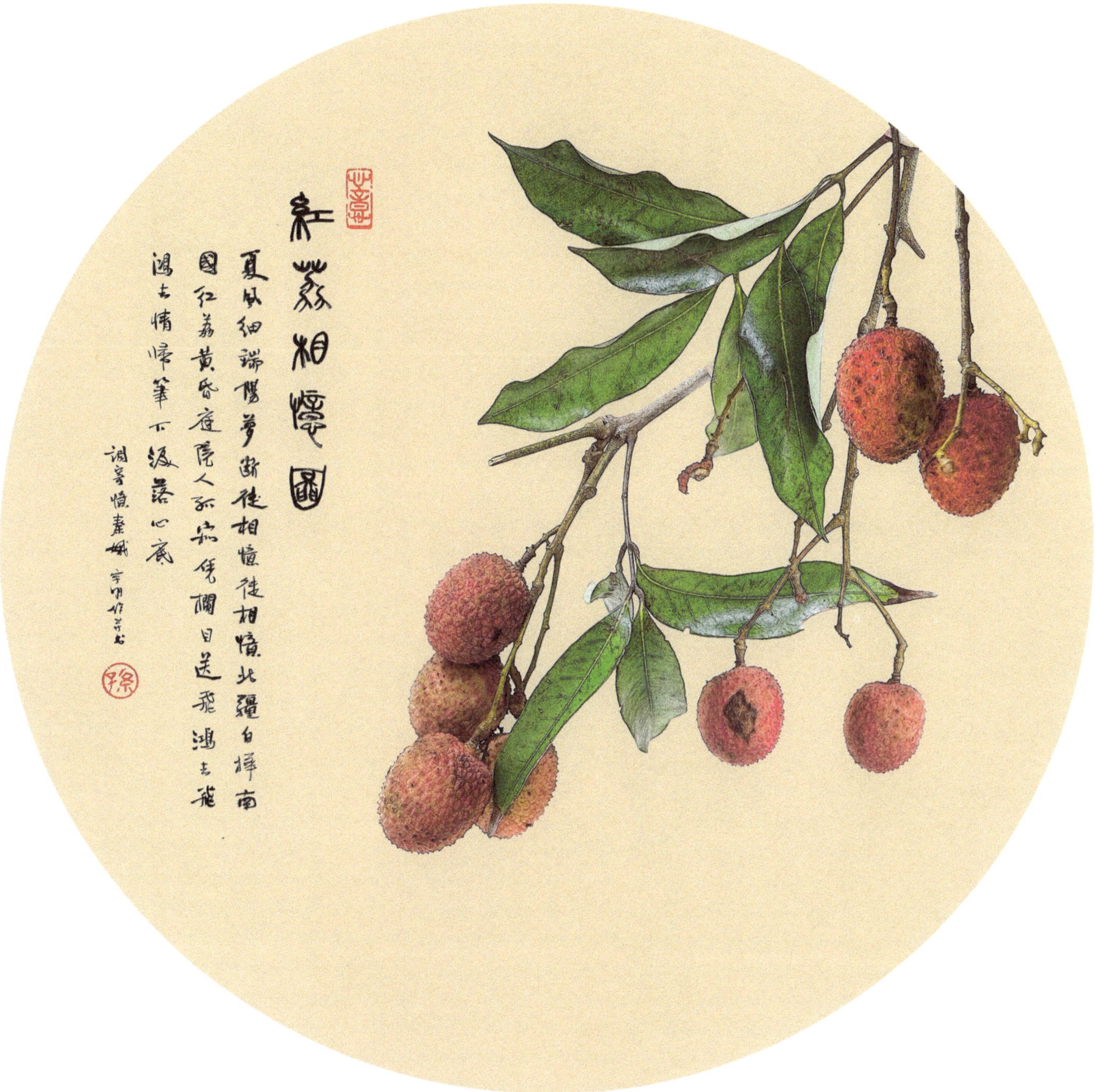
紅荔相憶圖
夏風細端陽夢斷徒相憶徒相憶北疆白樺南
國紅荔黃昏庭院人孤寂凭欄目送飛鴻去飛
鴻去情歸筆下緩落心底
調寄憶秦娥
辛卯作并书

秋树鸶鹰图

【七绝】

利爪如锋眼似铃，
曾得先帝臂肩擎。
寻常小树安家处，
暮暮朝朝亦有情。

2013年11月拍摄于美国马里兰州，2014年2月制作并题词。

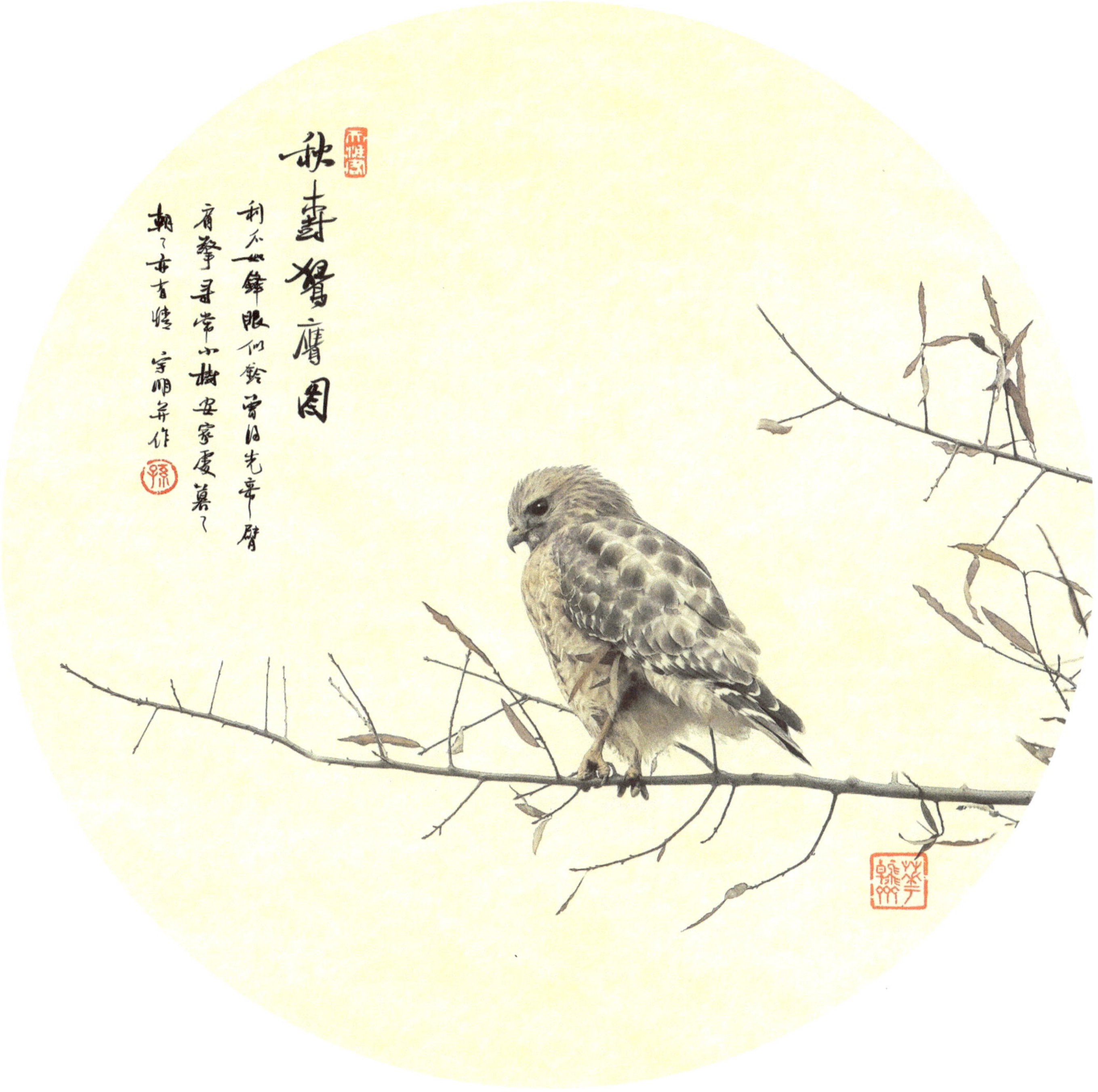

春风竹曳图

【浣溪沙】

帘外青青雅气凝，
劲节嫩叶沐春风，
纤枝袅袅舞轻盈。

岁月蹉跎心淡淡，
人生惆怅眼朦朦，
暂将愁绪付琴声。

2014年5月拍摄于美国维吉尼亚州，2014年6月制作并题词。

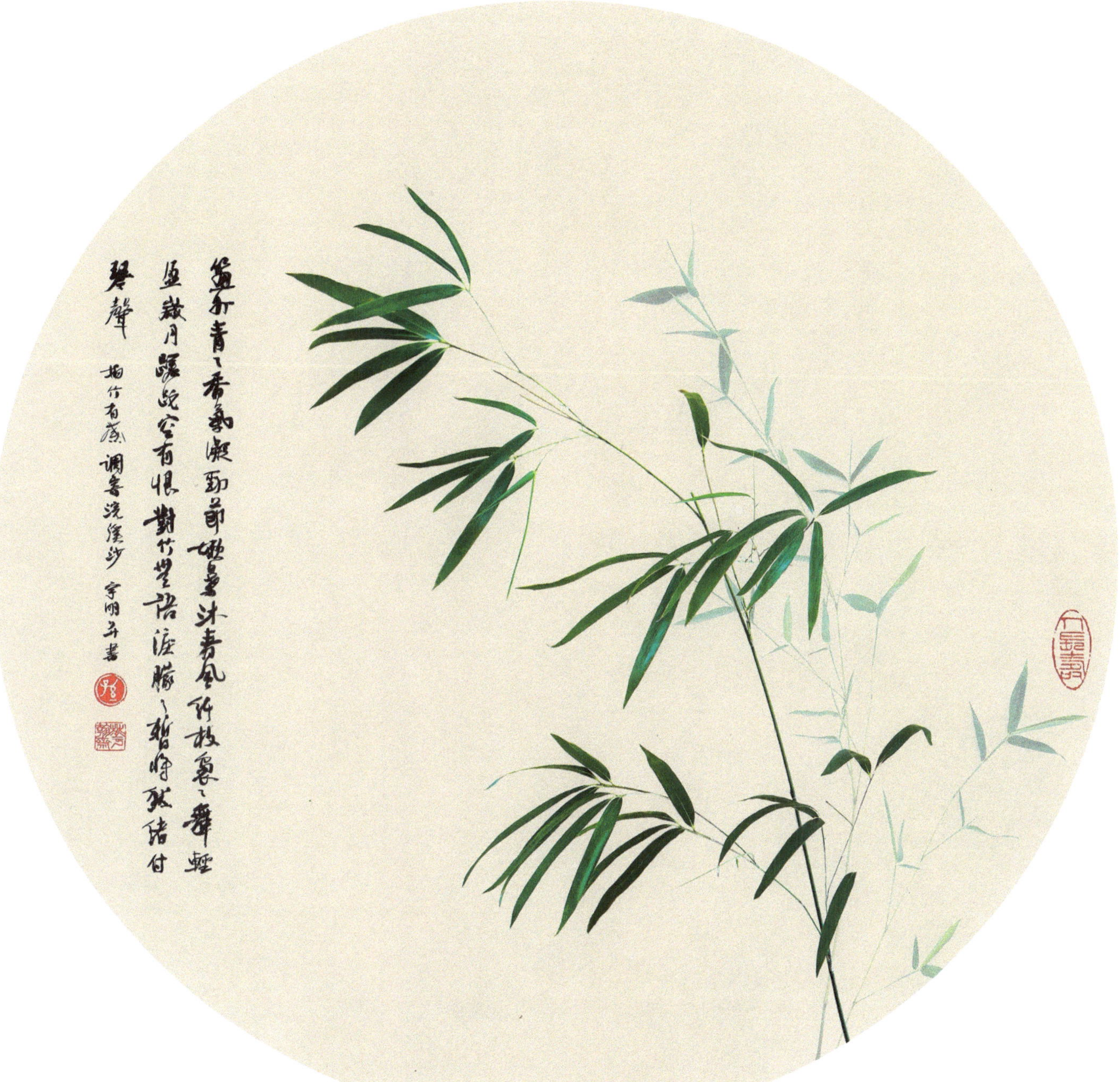
篁竹青青香氣凝勁節婀娜沐春風纖枝裊裊舞輕
盈歲月暖陽空有恨對竹無語淚朦朦暗將愁緒付
琴聲
調寄浣溪沙

夏园蝶梦图

【虞美人】

后塘涟影晶如玉，
嫩柳摇新绿。
昨宵酒醉醒来迟，
已是当空炎日照窗时。

夏蝶曼舞花园静，
犹似庄周梦。
欲提湖笔写离愁，
谁道墨峰苍莽聚眉头。

2016年7月拍摄于美国马里兰州，2016年9月制作并题词。

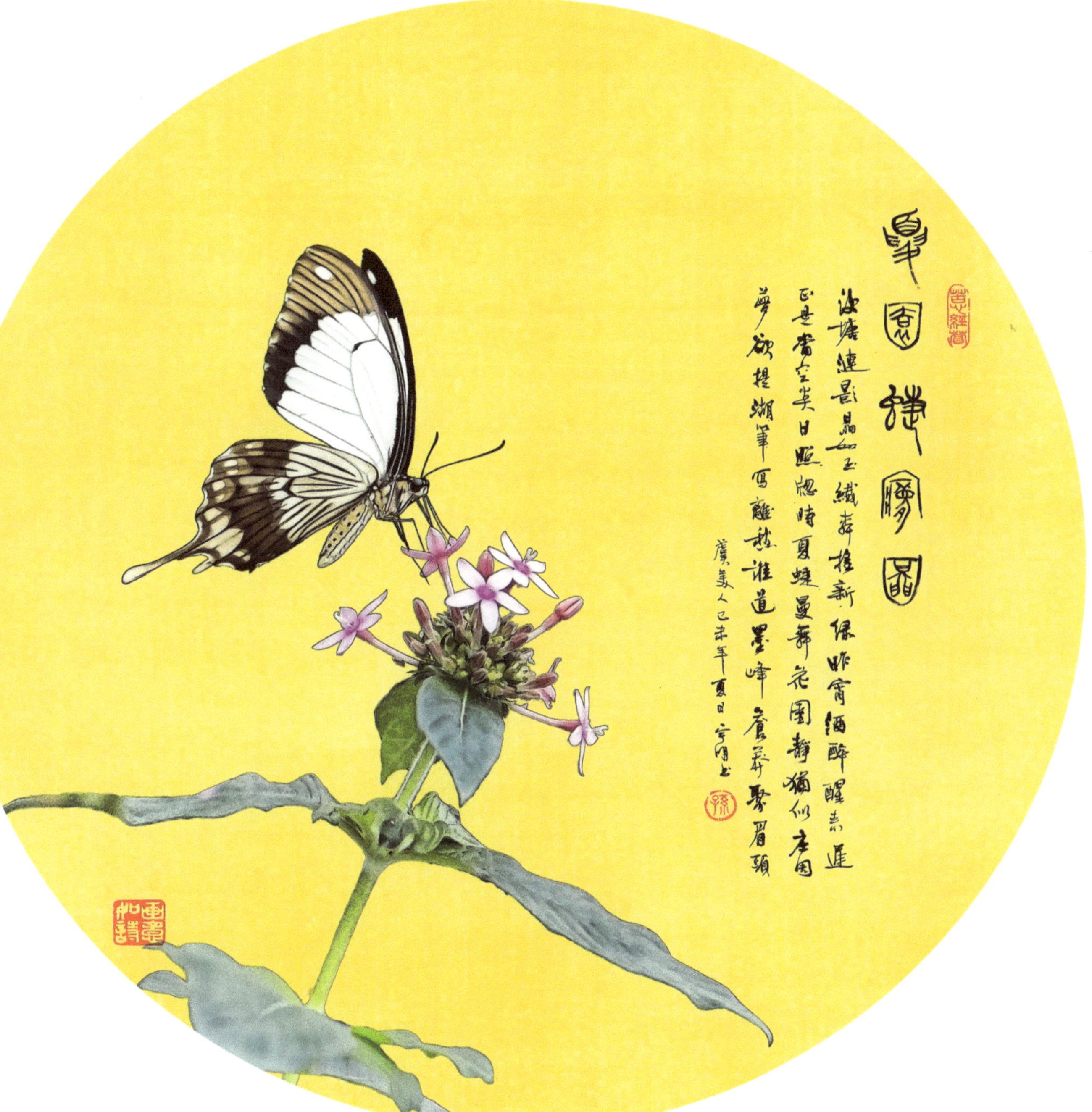
草園蝶夢圖
池塘漣影晶如玉纖莽搖新綠昨宵酒醉醒來遲
正是當空炎日照窗時夏蝶曼舞花園靜猶似庄周
夢欲提湖筆寫離愁誰道墨峰蒼莽聚眉頭
虞美人 乙未年夏日

相思红豆图

【长相思】

左枝沉，
右枝沉，
红豆圆圆满树珍。
相思果似人。

情深深，
意深深，
风雨同舟走到今。
依依永不分。

2015年5月拍摄于美国马里兰州，同月制作并题词。

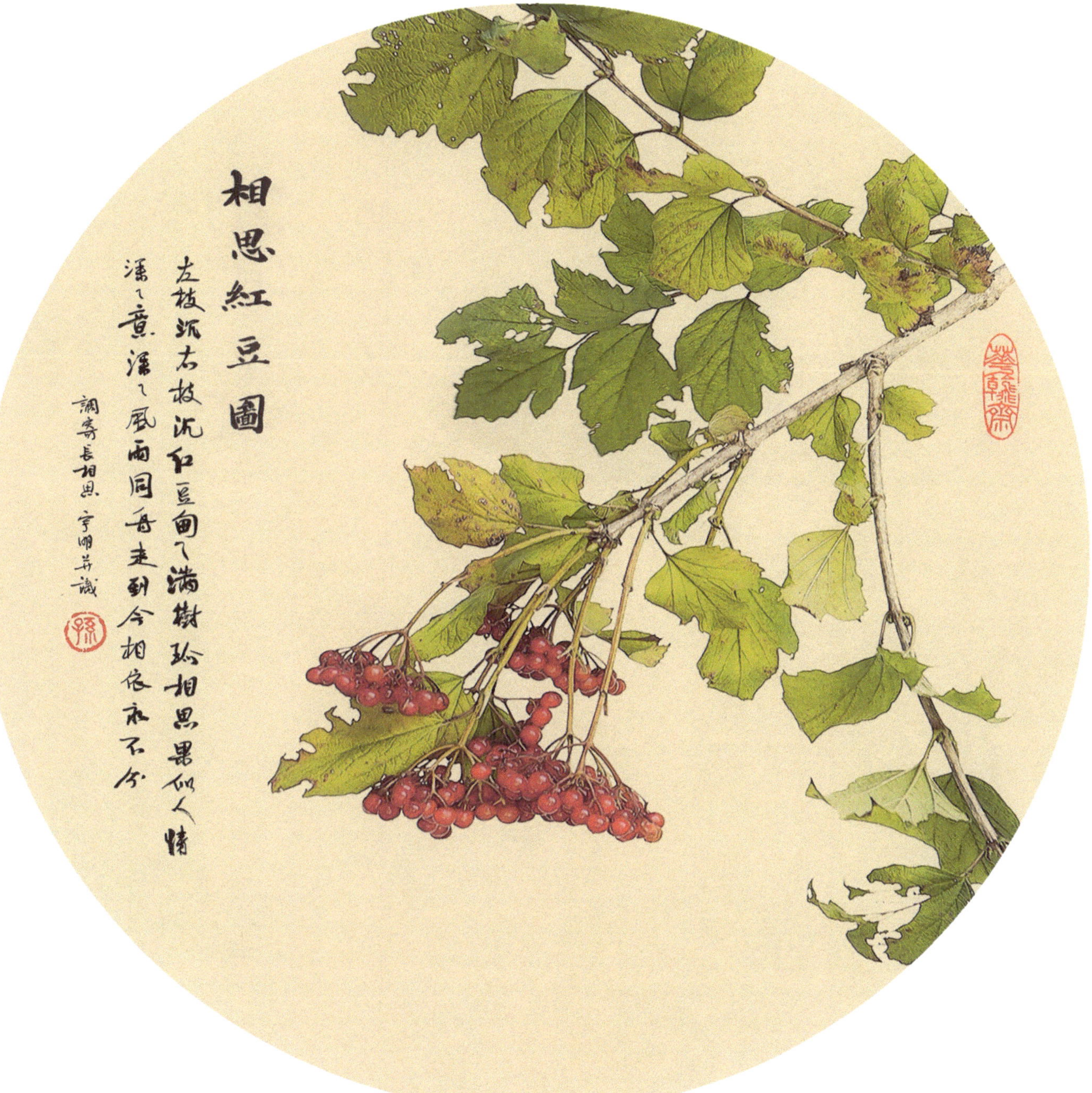
相思紅豆圖
左枝沉右枝沉紅豆甸〻滿樹珍相思果似人情
濃〻意濃〻風雨同舟走到今相依永不分
調寄長相思 辛卯年識

春花遍地图

【行香子】

遍地花香，
满眼春光。
又一轮、夜短天长。
风拂纤柳，
雨打纱窗。
看树成荫、志成梦、鬓成霜。

伊河凇雾，
辽塔残阳。
每思忆、泪落双行。
夏择良日，
秋整行装。
盼鸟归巢、水归海、客归乡。

2016年4月拍摄于美国马里兰州，同月制作并题词。

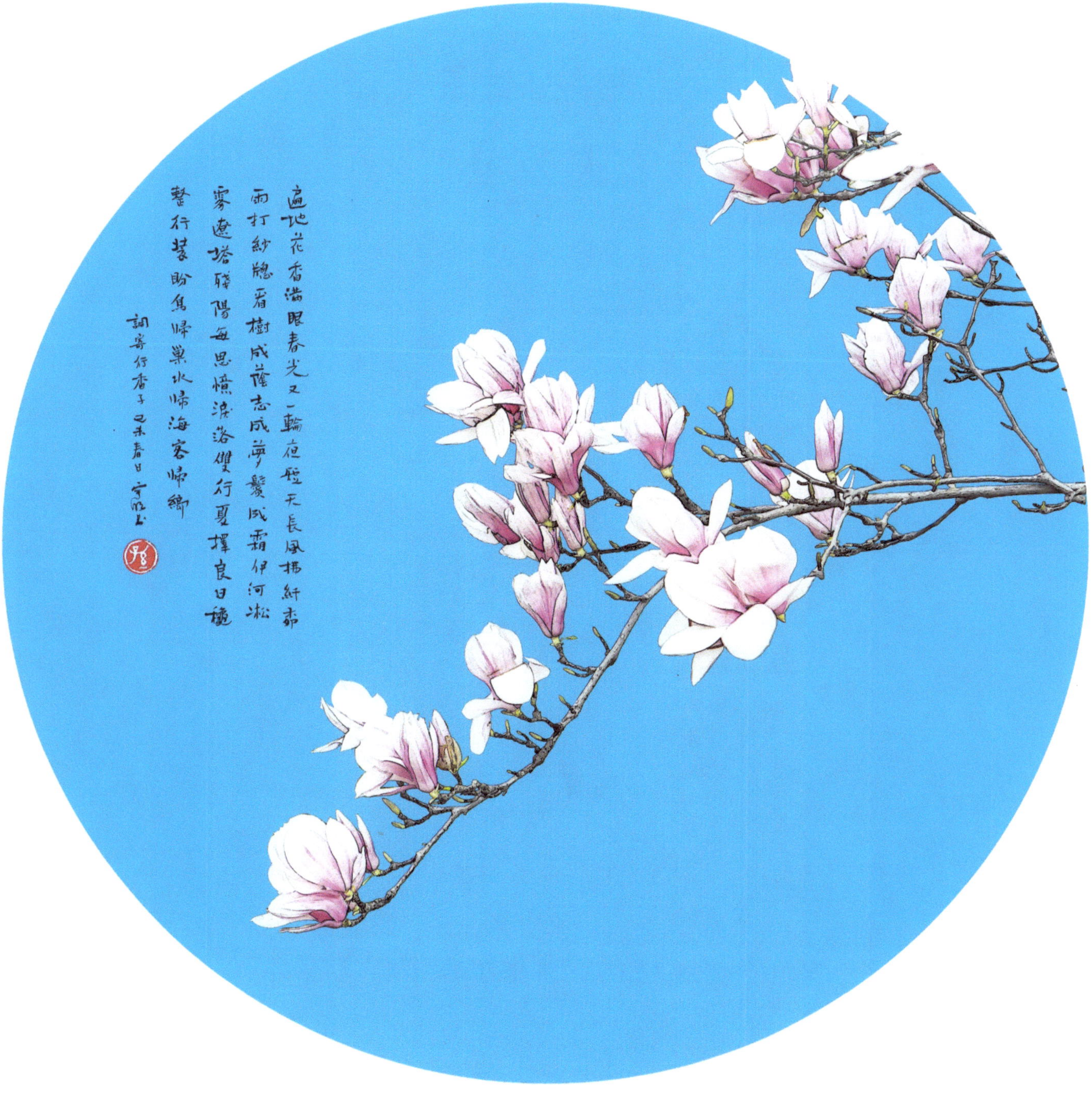
遍地花香滿眼春光又一輪夜短天長風拂紆旁
雨打紗窗看樹成蔭志成夢鬢成霜伊河淞
霧遮塔殘陽每思憶淚落雙行夏擇良日還
整行裝盼鳥歸巢水歸海客歸鄉
調寄行香子 乙未春日

萝卜蚱蜢图

【浪淘沙】

帘影衬金钩，
阁院清幽。
红萝绿蜢遇寒秋。
黄叶萧萧铺满地，
月照空楼。

对镜叹白头，
壮志皆休，
几番风雨几番愁。
卅载韶华东逝水，
好梦难留。

2017年8月拍摄于美国马里兰州，同月制作并题词。

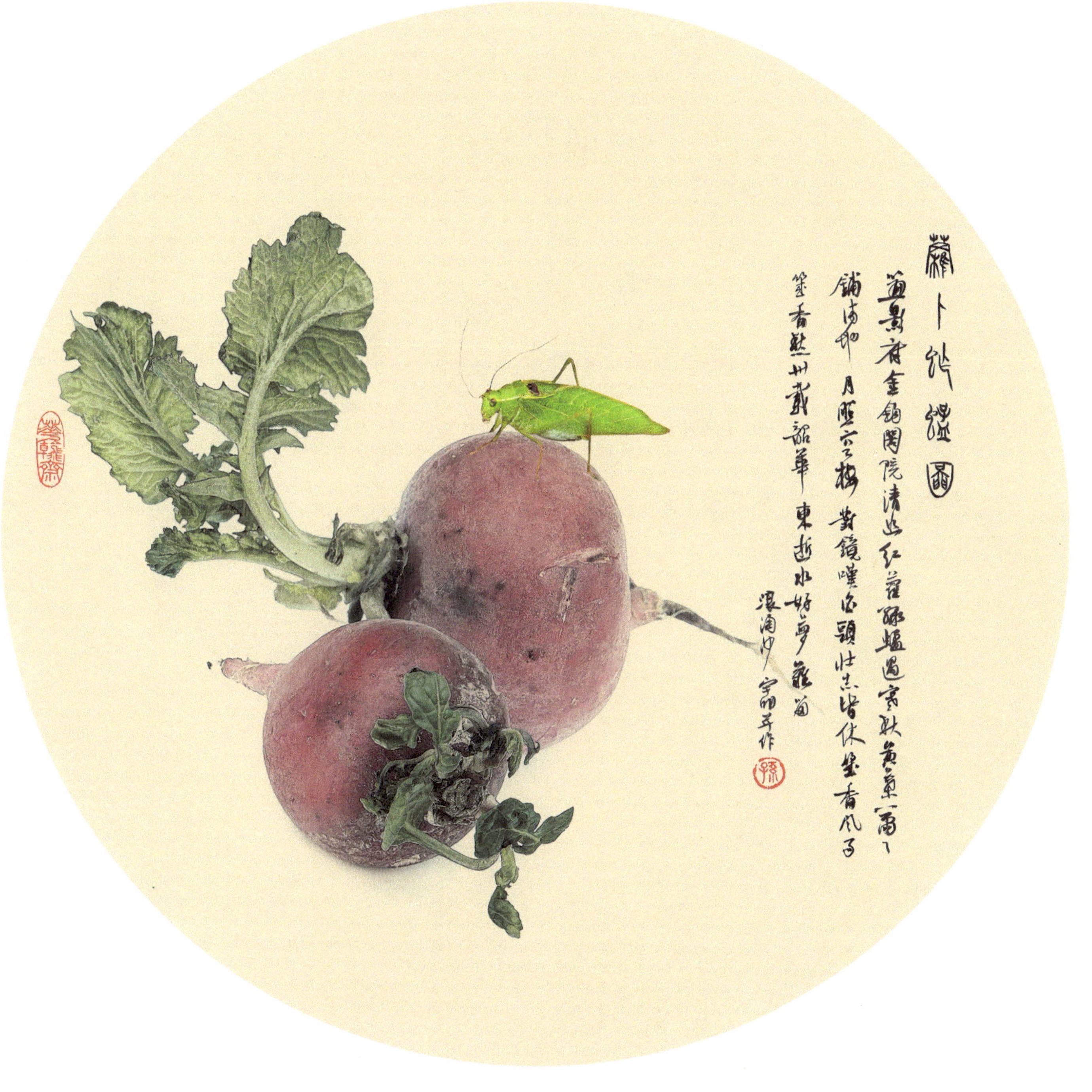

紫藤香气图

【浣溪沙】

绿草如烟春梦回，
京郊四月暖风吹。
西园友聚雨微微。

红雀甜音环水榭，
紫藤香气满心扉。
闲愁几点化残灰。

2017年5月拍摄于美国马里兰州，同月制作并题词。

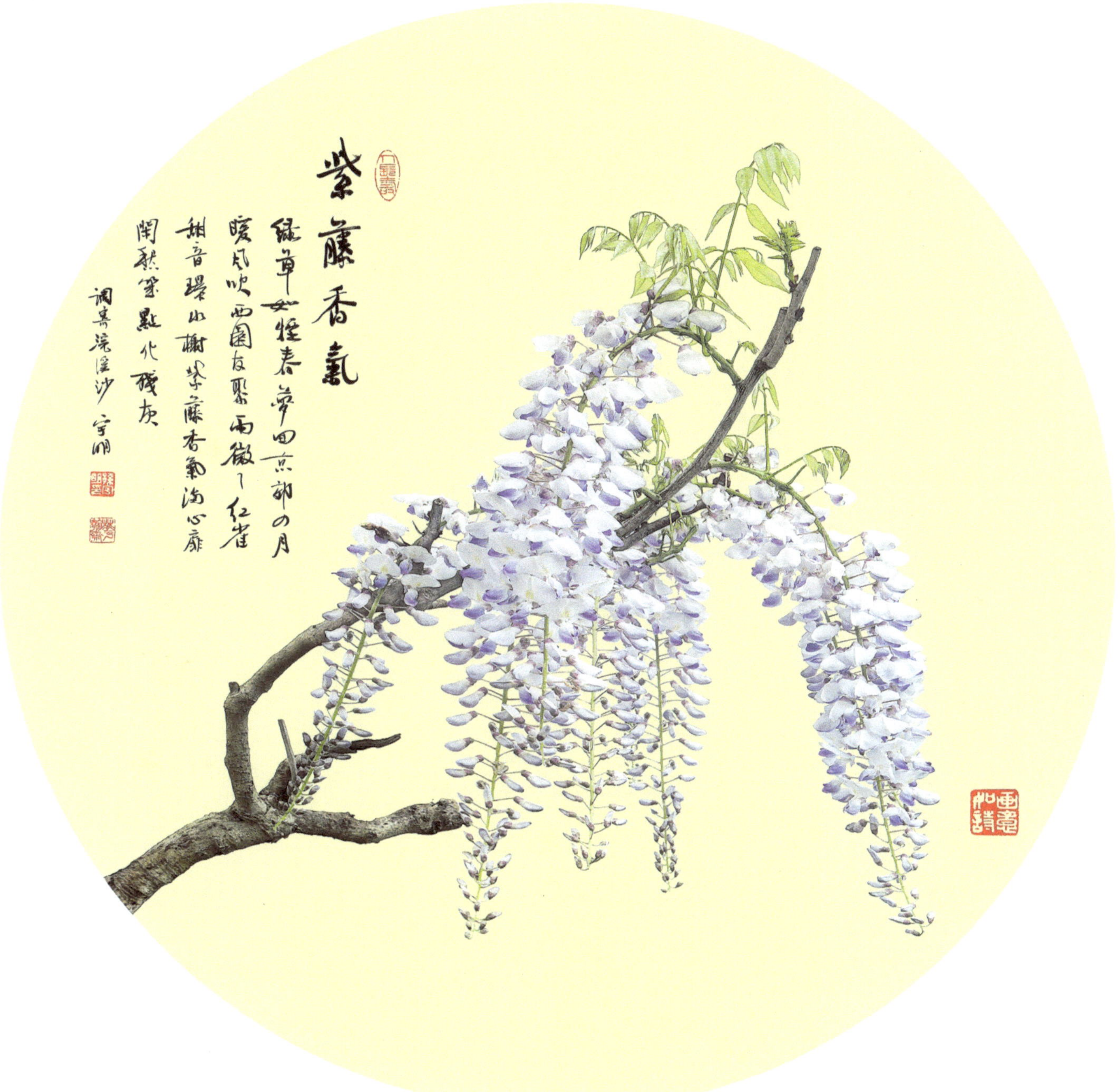
紫藤香氣
綠草如煙春夢回京郊四月
暖風吹西園友聚雨徽了紅雀
甜音環山榭紫藤香氣淘心扉
閑愁絮點化殘灰
調寄浣溪沙 守明

秋果压枝图

【如梦令】

庭院果熟枝压，
秋暖燕归檐下。
酒醒阅家书，
犹见父堂华鬓 。
牵挂，牵挂，
谁解苦甜酸辣？

2015年9月拍摄于美国马里兰州，同月制作并题词。

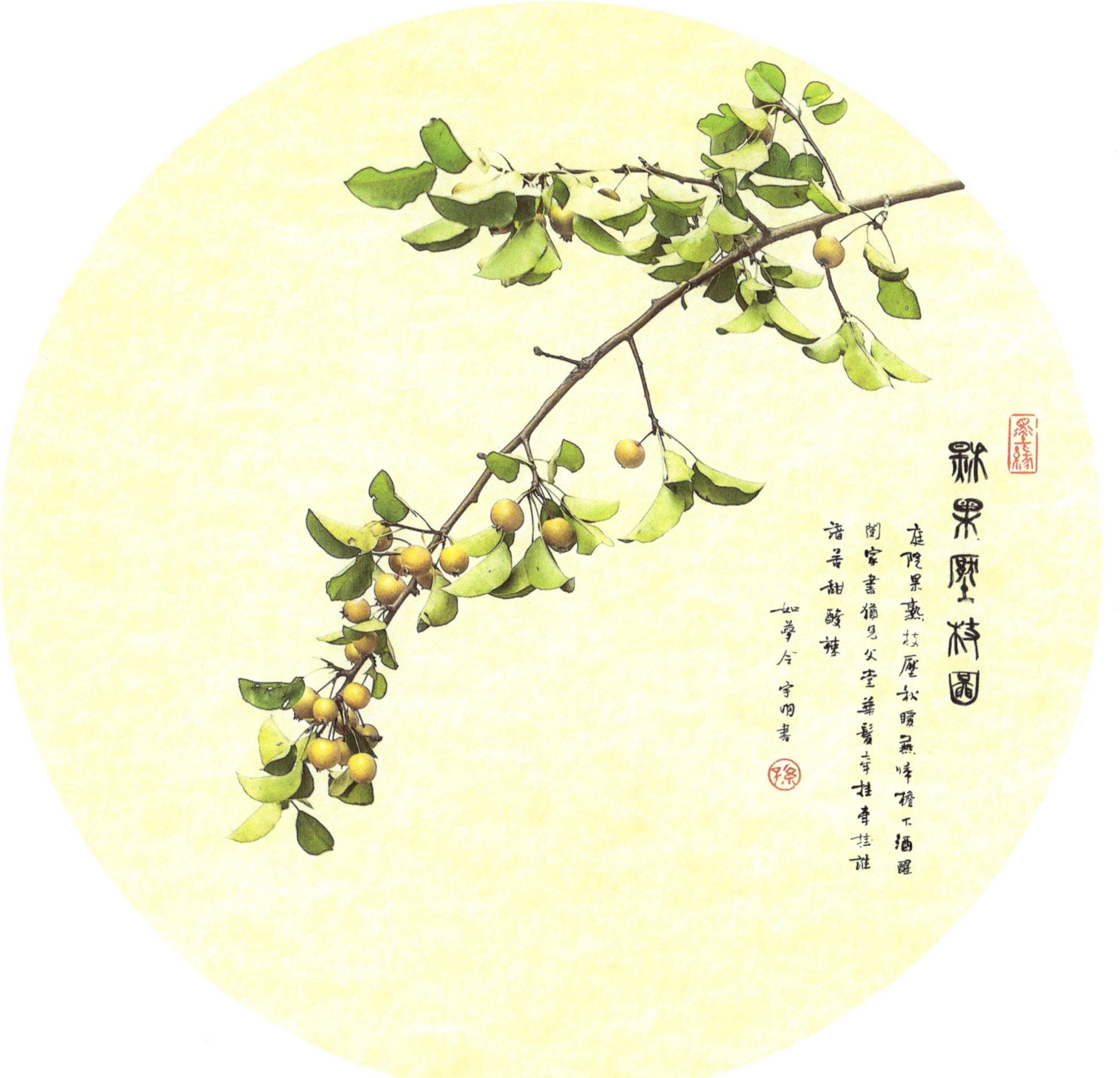
秋果壓枝圖
庭院果熟枝壓秋暖無啼檐下酒醒
閒家書猶見父堂華髮牽挂牽挂誰
語苦甜酸辣
如夢令 宇明書

七叶碧树图

【行香子】

宇宙沉浮，
花草荣枯。
回眼望、烟袅云舒。
为圆诗梦，
轻弃官途。
剩半箱石、一箱画、百箱书。

房前碧树，
庭外纤竹。
更期盼、人健家福。
忙蹉岁月，
闲逛江湖。
任爱心长、童心在、壮心无。

2016年5月拍摄于美国马里兰州，同月制作并题词。

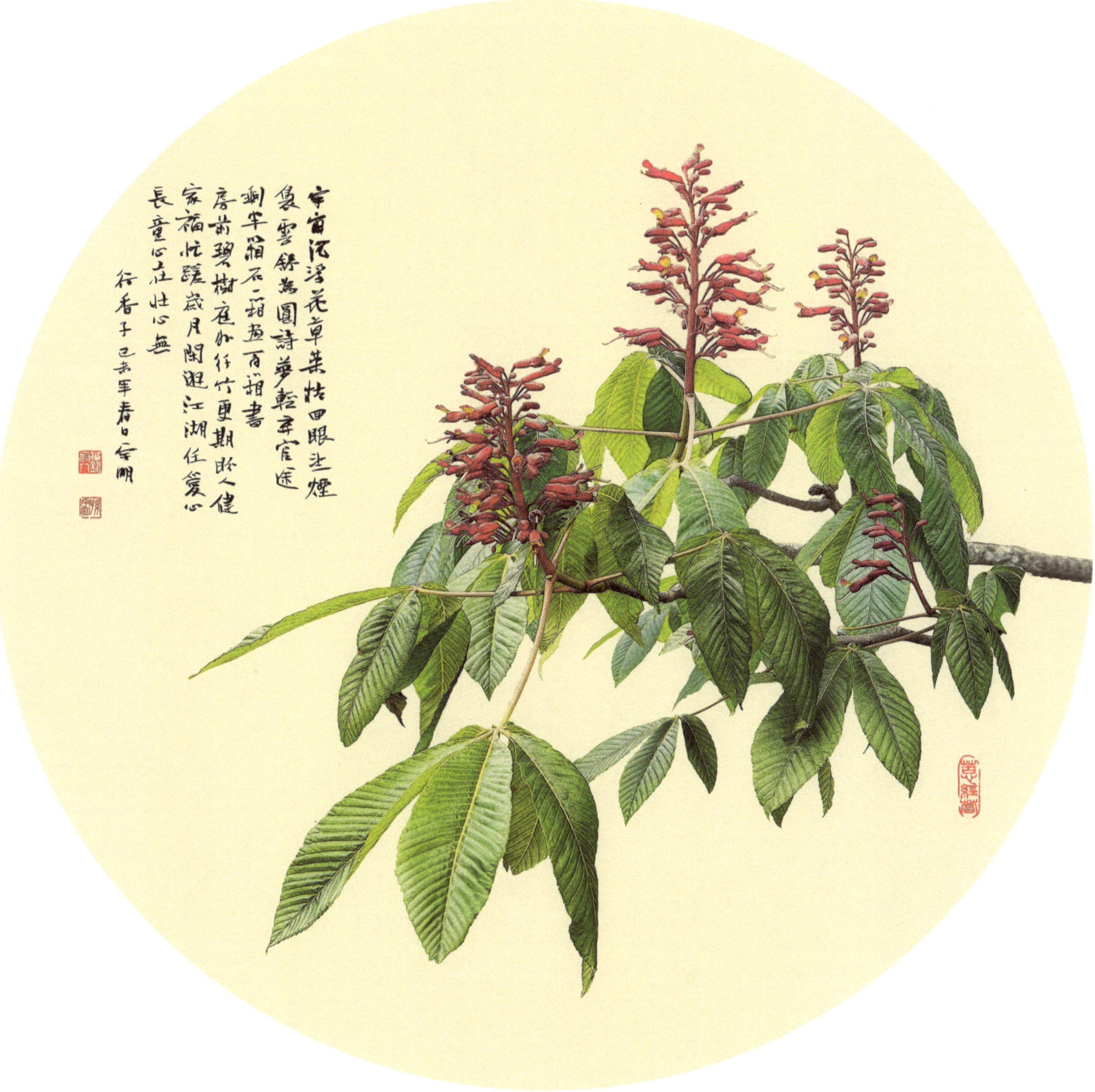
宇宙沉浮花草葉枯回眼迷煙
雲錄為圓詩夢輕宰官途
剩半箱石二箱畫百箱書
房前碧樹庭外竹更期盼人健
家福忙蹉歲月閑遊江湖任髮心
長童心在壯心無
行香子 己亥年春日 宗明

蕉菊中秋图

【采桑子】

细风帘卷黄昏晚，
蕉叶无言。
菊蕊无言，
装点书庐日日鲜。

落英铺院韶华去，
秋意阑珊。
人意阑珊，
遥看神州血月圆。

2014年7月拍摄于美国华盛顿，2015年9月制作并题词。

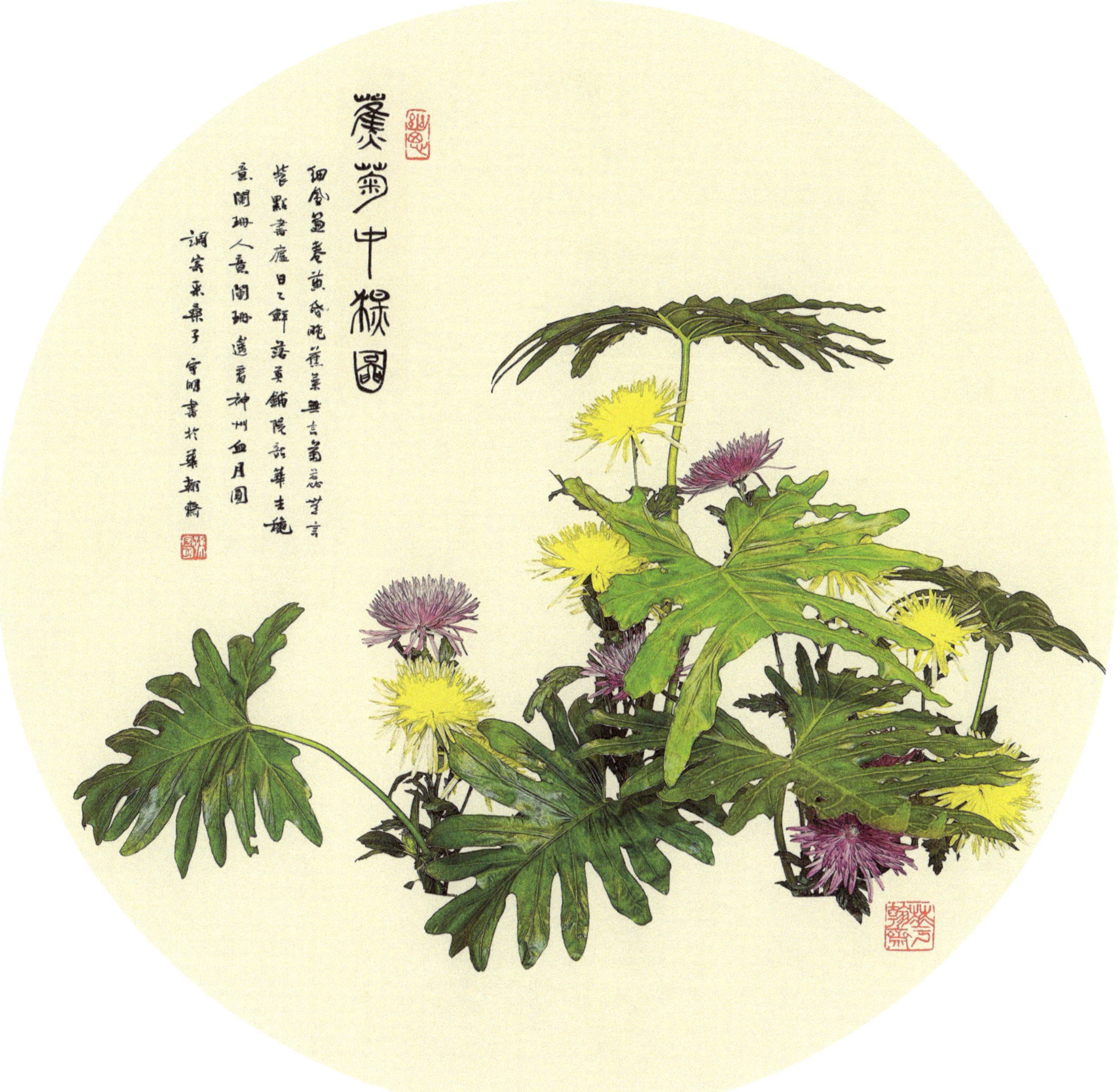
叢菊中棵圖
細風籬卷黃昏晚蕉葉無言菊蕊芊言
裝點書廬日日鮮落英鋪陰話華去施
意闌珊人意闌珊遙看神州血月圓
調寄采桑子 守明書於華韵齋

虬松傲霜图

【点绛唇】

曲干虬松，
秋霜晨洗仍苍翠。
红枫叶媚，
袅袅随风坠。

人在天涯，
尝尽愁滋味。
心颓废。
还乡梦碎，
强忍英雄泪！

2014年7月拍摄于美国华盛顿，2015年9月制作并题词。

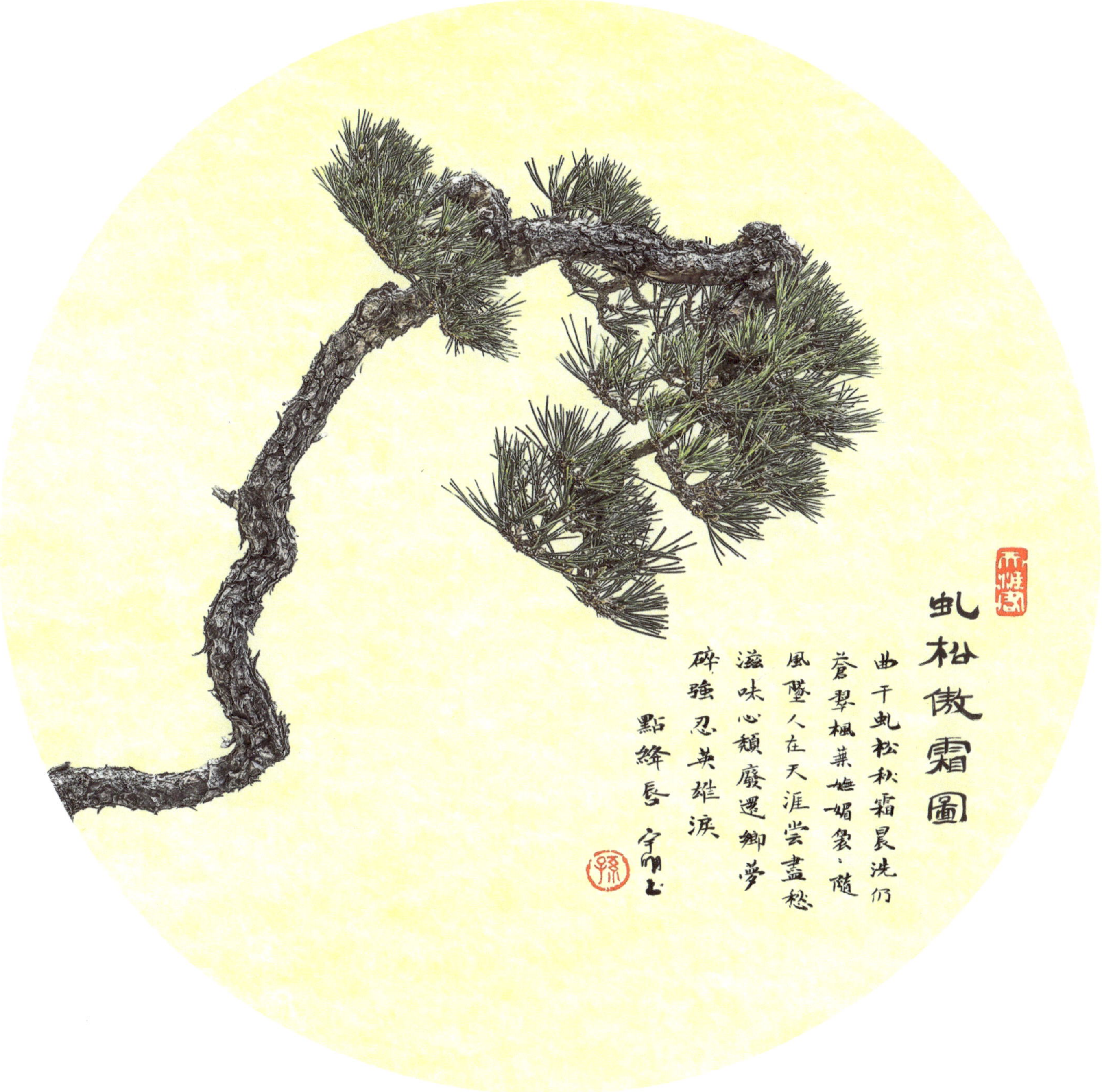
虬松傲霜圖
曲干虬松秋霜晨洗仍
蒼翠楓葉嫵媚袅、隨
風墜人在天涯尝盡愁
滋味心頹廢還鄉夢
碎強忍英雄淚
點絳唇
守明

www.ingramcontent.com/pod-product-compliance
Lightning Source LLC
Chambersburg PA
CBHW050824180526
45159CB00004B/1776
9781537166841

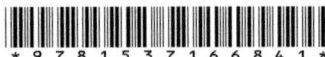